L'Informatica per lavorare bene

DEMATERIALIZZAZIONE O TRASPOSIZIONE?

Dalla Carta al Byte

Vincenzo G. Calabrò

DEMATERIALIZZAZIONE O
TRASPOSIZIONE?

Autore: Vincenzo G. Calabrò

2008 © Lulu Editore

ISBN 978-1-4461-2382-9

Novembre 2010 Seconda edizione

Distribuito e stampato da:
Lulu Press, Inc.
3101 Hillsborough Street
Raleigh, NC 27607
USA

INDICE

Prefazione

I dizionari, anche quelli on line, non registrano ancora la parola "dematerializzazione", ossia il trasferimento dei documenti cartacei in formato digitale per una loro più facile conservazione e reperibilità. Eppure gli italiani presto si abitueranno a conoscere questa nuova parola, e ad apprezzarne i vantaggi. Nonostante questa lacuna lessicale, stanno infatti per arrivare le regole tecniche che disciplineranno, uniformandolo, questo processo tecnologico che, oltre a rendere più efficiente e rapida la gestione dei documenti, comporterà considerevoli risparmi. Nell'ambito delle disposizioni del Codice dell'Amministrazione Digitale (del 2005), infatti, è stato pubblicato sul sito del Ministero dell'Innovazione Tecnologica, quello che sarà il "codice della strada" di questo processo, che farà risparmiare diversi miliardi di euro agli italiani, alle imprese e alla pubblica amministrazione.

Basta dire che la gestione tradizionale dei documenti amministrativi cartacei (10 miliardi di pagine che riempirebbero un Duomo di Milano ogni anno!) ha un costo pari ad almeno al 2% del Pil e se si procedesse alla dematerializzazione solo del 10% dei certificati di carta il risparmio per lo Stato italiano sarebbe pari a non meno di 3 miliardi di € l'anno.

Per dare l'idea di quanto sia importante questo processo, in termini di efficienza e di economia (le amministrazioni sono costrette a sostenere rilevanti canoni d'affitto per la locazione di magazzini, ex cinema ed ex garage per custodire molte migliaia di polverosi faldoni con le pratiche!), sono sufficienti alcuni eloquenti dati.

Il vantaggio della digitalizzazione dei documenti, per agevolarne la conservazione e rendere molto più facile la loro consultazione, vale anche per i documenti storici. Ad esempio molti enti, soprattutto Comuni anche di piccole dimensioni, conservano gelosamente i fascicoli della Gazzetta Ufficiale Storica, ossia quelli pubblicati prima del 1946, quando nacque la Repubblica. Secondo il prof. Pierluigi Ridolfi, che ha lanciato con il CNIPA il progetto AuGUSto (Automazione Gazzetta Ufficiale Storica) di digitalizzazione di questi documenti secolari, una raccolta completa occupa circa 25 mq di spazio e nell'ipotesi conservativa che almeno in 5 mila uffici italiani sia presente non meno del 20% della raccolta completa, con la loro digitalizzazione, già in atto, si potranno recuperare 25 mila mq, pari a 12 edifici di 5 piani, con un risparmio di almeno un milioni e mezzo di € l'anno. Digitalizzando queste delicate raccolte cartacee, inoltre, si avrebbe una ulteriore economia di non meno di 2 giorni/uomo l'anno, consentendo una ulteriore razionalizzazione delle risorse umane, con un risparmio di un altro milioni e mezzo di € l'anno. Del resto una media pubblica amministrazione locale spende almeno di 25 mila € l'anno solo per lo stoccaggio degli archivi documentali, con una progressione di costi connessa poi all'inserimento dei documenti cartacei e della loro ricerca.

Insomma, passando dalla carta al byte, i 10 miliardi di pagine documentali (circa la metà delle pagine dei quotidiani stampati annualmente nel nostro Paese) potrebbero essere compressi in spazi molto esigui: un hard disk di modeste capacità può infatti contenere non meno di 500 metri cubi di carta, l'equivalente di carta contenuta in 2 appartamenti da 120 metri quadri.

Le tecnologie digitali sono una rilevante risorsa per l'efficienza e la produttività della Pubblica Amministrazione. Uno Stato che costa meno e lavora meglio crea più ricchezza per l'Italia. Questo è un obiettivo che il Governo ha promosso e deve continuare a costituire una priorità per il nostro Paese anche nel futuro.

In tale prospettiva, il tema della dematerializzazione assume particolare rilevanza e attualità. Infatti, l'impulso dato dalla nostra politica per la modernizzazione della Pubblica Amministrazione attraverso nuove applicazioni tecnologiche, un quadro normativo coerente, un'organizzazione dedicata, un metodo condiviso e una cultura diffusa dell'e-government, consente oggi di realizzare quegli ingenti benefici, in termini di risparmio e di efficacia, che il passaggio del documento amministrativo dalla carta al bit ha sempre prospettato.

Con l'entrata in vigore del Codice dell'Amministrazione digitale viene data attuazione, ricorrendo alle più avanzate tecnologie informatiche, ai meccanismi deputati a realizzare in concreto la tanto auspicata "scomparsa della carta".

Un'immagine che impegna a una trasformazione profonda del modo di operare di ogni pubblica amministrazione e a una valorizzazione delle proprie risorse professionali.

Questo progetto è collegato al più ampio impegno di razionalizzare i processi di trasformazione e modernizzazione della burocrazia italiana. Le opportunità fornite dalla dematerializzazione ne fanno parte e sono collegate ai grandi temi della semplificazione amministrativa e della valorizzazione del personale attraverso la formazione. Il patrimonio di iniziative ed esperienze costruito in questi anni è una garanzia per operare con successo su questo terreno di frontiera su cui si misura la nostra Pubblica Amministrazione. L'Italia può contare su un complesso normativo tra i più avanzati nel panorama europeo; molte soluzioni tecnologiche sono state già ampiamente collaudate ed offrono affidabilità e garanzie; l'atteggiamento del personale delle amministrazioni è generalmente positivo nei confronti dell'adozione di nuovi processi indotti dall'innovazione tecnologica.

Occorre superare alcune barriere culturali al cambiamento, all'abbandono della carta per un atteggiamento di fiducia nel documento informatico come generatore di progresso e valore economico. Occorre convincere "gli incerti". Insistendo nel percorso della divulgazione, della presentazione di esperienze e risultati, della formazione.

Prima di iniziare ad esaminare il dettaglio le varie opportunità, legislative e tecniche, che ci consentiranno di passare dalla carta al byte occorre precisare una piccola considerazione sul termine dematerializzazione.

Il temine, ad avviso dello scrivente, viene usato impropriamente in quanto, con il passaggio dalla carta al byte, probabilemete non si vedrà più carta negli Uffici della PA, ma compariranno (e venderanno) sempre più computer, supporti digitali, storage e quant'altro utile alla gestione e conservazione delle informazioni in formato digitale. Per cui il processo di dematerializzazione sarebbe corretto rinominarlo della trasposizione, ovvero del passaggio delle informazioni dalla carta ai supporti digitali (hard disk, dischi ottici e qualsiasi altro supporto) in grado di conservarli.

Introduzione e sintesi

La facilità con la quale i documenti amministrativi vengono stampati e duplicati nei moderni sistemi di gestione ha generato una situazione in cui si produce carta spesso senza controllo e in cui l'archiviazione della documentazione diventa un problema sempre più evidente, a cominciare dagli aspetti legati alle garanzie giuridiche fino a quelli logistici ed economici.

La gestione in ambiente informatico della mole di documentazione che quotidianamente le amministrazioni pubbliche, gli enti e le imprese producono offre grandi prospettive in termini di efficienza, efficacia e trasparenza dell'azione amministrativa e promette di abbattere gli sprechi e di moltiplicare i risparmi. Questo passaggio avviene ancora con una certa difficoltà, a causa di una serie di problematiche – di natura sia normativa che tecnica – che esigono riflessione comune e coordinamento da parte di tutti i soggetti che partecipano all'azione amministrativa e alla gestione dei documenti.

La nozione di documento informatico attualmente in vigore intende il termine come la "rappresentazione informatica di atti, fatti e dati giuridicamente rilevanti" ed estende la sua influenza sui temi della gestione digitale dei flussi documentali e sulle condizioni tecnico-giuridiche che consentono il passaggio dalla carta al digitale. Grazie alle novità introdotte dalla normativa recente, il governo del ciclo di vita del documento, che si attua attraverso gli strumenti ed i sistemi di protocollo elettronico e di gestione documentale, deve tener conto di tutte le ricadute sugli aspetti organizzativi e di responsabilità determinati dal loro utilizzo.

La gestione elettronica dei flussi documentali scambiati all'interno e all'esterno delle strutture amministrative pubbliche appare pertanto un momento centrale nel processo di cambiamento della

Pubblica Amministrazione. Con l'entrata in vigore e l'applicazione delle disposizioni di legge più recenti, da soluzione interna ai singoli organismi è destinata a coinvolgere l'intero sistema pubblico, con l'intento di consentire il completo passaggio dalla carta al digitale e di "dematerializzare" gli archivi delle amministrazioni.

Oltre ai notevoli vantaggi ed alle economie che questo passaggio consente, la riforma assumerà un ulteriore valore strategico nel momento in cui l'insieme dei provvedimenti normativi consentirà di applicarla compiutamente anche nel settore privato, coinvolgendo quindi l'intero "Sistema Paese".

La diffusione del documento informatico è tuttavia ancora frenata da alcuni elementi di varia natura: difficoltà interpretative delle diverse norme; scarsa diffusione di prassi per la sottoscrizione dei documenti informatici; limitata usabilità degli strumenti per la sottoscrizione dei documenti e, soprattutto, per la gestione dei documenti firmati; insufficiente fiducia nella e-mail come strumento di trasmissione formale dei documenti; difficoltà di "esibizione" del documento informatico; scarsa maturità delle soluzioni per la conservazione digitale di lungo periodo.

Il termine "dematerializzazione" identifica la tendenza alla sostituzione della documentazione amministrativa solitamente cartacea in favore del documento informatico. Un termine da poco entrato nel lessico della gestione documentale e nella normativa recente, che gli ha conferito pieno valore giuridico. La cosiddetta "dematerializzazione" della documentazione è argomento che, a vario titolo (conservazione sostitutiva, archiviazione ottica, gestione dei flussi documentali), ha interessato la riforma della vita amministrativa degli enti pubblici e privati e la produzione normativa nel corso dell'ultimo decennio. Il tema è diventato di grande attualità ed ha polarizzato il dibattito degli operatori del settore in occasione dell'elaborazione, dell'emanazione e dell'entrata in vigore (1° gennaio 2006) del D. Lgs. 7 marzo 2005, n. 82 noto come "Codice dell'Amministrazione digitale".

Attraverso tale provvedimento viene data attuazione, ricorrendo alle più avanzate tecnologie informatiche, alla possibilità di realizzare la tanto auspicata "scomparsa della carta".

Il governo dei processi di archiviazione e conservazione dei flussi documentali in forma digitale è un fattore fondamentale per garantire nel tempo l'integrità e la reperibilità dei documenti. La dematerializzazione non può venire però ricondotta alla pura realizzazione di processi di digitalizzazione della documentazione. Investe piuttosto tutta la sfera della riorganizzazione e semplificazione dei processi, della trasparenza e dell'assunzione di responsabilità, dell'uso diffuso degli strumenti tecnologici nella comunicazione tra cittadini e amministrazioni.

La dematerializzazione si pone pertanto come un processo qualificante di efficienza e di trasparenza delle amministrazioni pubbliche, consentendo nel contempo grandi risparmi diretti in termini di carta e spazi recuperati, e indiretti in termini di tempo ed efficacia dell'azione amministrativa pubblica, delle aziende e dei privati.

Il costo complessivo sostenuto dal "Sistema Italia" per la gestione dei documenti amministrativi è stimato tra 2 e 4 punti percentuali del prodotto interno lordo (quindi nell'ordine di numerose decine di miliardi di euro). Questa valutazione comprende i soli costi per la gestione "fisica" della carta sostenuti dalla Pubblica Amministrazione e dalle aziende.

Per fornire un'idea dei numeri della gestione documentale nella Pubblica Amministrazione, una recente rilevazione del Centro Nazionale per l'Informatica nella Pubblica Amministrazione (CNIPA)[1] ha evidenziato, nel corso del 2004 e in un contesto comunque circoscritto delle amministrazioni centrali, la produzione di quasi 110 milioni.

---

[1] "Monitoraggio del progetto protocollo informatico" – Quaderno CNIPA n. 22 – dati relativi a 61 amministrazioni centrali.

Introduzione e sintesi di documenti che hanno dato origine a 160 milioni di registrazioni di protocollo e 147 milioni di documenti archiviati. Solo per realizzare le fasi di primo smistamento e di protocollazione di tale mole di documenti sono impegnati oltre 50.000 dipendenti distribuiti su 19.000 uffici. Il costo stimato di gestione, comprendente la trasmissione, la protocollazione, le copie e lo stoccaggio per conservazione dei documenti nelle PAC è superiore a 3 miliardi di euro. Stime relative alle Pubbliche Amministrazioni locali, anch'esse limitate ai soli documenti protocollati, sono non inferiori a 1,5 miliardi di euro.

A questa stima va aggiunta quella, di cui non esiste una quantificazione accurata, relativa ai documenti di tipo sanitario (dalla cartella clinica al referto di analisi), ai documenti della scuola e dell'amministrazione della giustizia. Si tratta, come immaginabile, di aree gestionali con un rilevante impatto in termini di costo.

Ancor più rilevanti potrebbero essere gli oneri nel settore privato. Non esistendo stime consolidate dei costi complessivi poniamo l'attenzione su alcuni casi emblematici che sono stati invece oggetto di analisi sistematiche. Il caso forse più studiato si riferisce alla gestione delle fatture, che in Italia vengono emesse nel numero di 2,8 miliardi ogni anno[2]; di cui quasi la metà destinate ad aziende. Il costo della gestione di ciascuna fattura, tra emissione e ricezione, è stimato in non meno di sette euro[3]; pertanto il valore complessivo sfiora i 10 miliardi di euro.

Non sono trascurabili i costi della gestione documentale per l'autofunzionamento, nel pubblico e nel privato. Un esempio è costituito dal sistema SPT (Service Personale del Tesoro) per la gestione del cedolino dei dipendenti pubblici. La gestione dei cedolini di 1,5 milioni di dipendenti costa, con questo sistema, oltre

---

[2] Dati tratti dalla Relazione della V Commissione CNEL "Grandi Opere e Reti Infrastrutturali", 28 aprile 2005.

[3] Fonte studio Arthur D. Little (anno 2001) e studio Deskom (anno 2003).

40 milioni di euro/anno ed impegna poco più di 1.100 addetti. L'estrapolazione di tali valori sui 16 milioni di dipendenti italiani (nel pubblico e nel privato) porta a stime di costo superiori al miliardo di euro/anno.

A queste considerazioni si deve aggiungere inoltre il cosiddetto "costo sociale" del documento, con ciò intendendo la valorizzazione degli oneri che ricadono direttamente sul cittadino. Uno dei casi più comuni riguarda il ritiro dei referti di analisi presso le strutture sanitarie. Il numero di buste/referto ritirate ogni anno dagli italiani è pari a circa 50 milioni (un dato che non include il ritiro di analisi effettuate dai laboratori privati), cui corrispondono altrettanti spostamenti nelle nostre città[4].

L'attuazione della dematerializzazione è una opportunità rilevante di risparmio e di efficienza nella Pubblica Amministrazione, nelle aziende e per i cittadini tutti. Essa consente di ridurre i costi derivanti dalla materialità del documento cartaceo: nel

---

[4] Stima del costo-opportunità per spostamento pari a 18 euro (fonte progetto Telemed-Escape, riferito alla zona di Treviso).

trasporto, nella conservazione, nella ricerca. Una stima di questi costi, nella Pubblica Amministrazione, è di circa 4 centesimi di euro per documento/anno per la conservazione in magazzini e di circa 15 euro/documento relativamente alla somma dei costi di trattamento, trasmissione e ricezione.

Ogni sfera dell'Amministrazione può ormai contare su soluzioni tecnologiche adeguate a consentire il passaggio dalla carta al digitale. Il corpus normativo dell'ordinamento italiano appare come uno dei più avanzati a livello europeo e adeguato a garantire azioni e politiche efficaci. La domanda che arriva da molte parti riguarda le modalità organizzative idonee a consentire il passaggio da un sistema all'altro, gli obiettivi da perseguire ed i risultati ottenibili a breve e a lungo termine. Va anche tenuto presente che la materia, da un punto di vista normativo, è di competenza di vari dicasteri: su un piano generale agisce il già citato Codice dell'Amministrazione digitale, predisposto dal Ministro per l'innovazione e le tecnologie; su un piano strettamente documentale interviene anche il D. Lgs. 22 gennaio 2004, n. 42 "Codice dei Beni culturali e del paesaggio"; inoltre, in particolari materie (ad es.: fisco, salute, lavoro, giustizia) esistono disposizioni specifiche, emanate dai rispettivi ministeri, che vincolano ulteriormente le procedure di gestione dei documenti.

Gli obiettivi della dematerializzazione sono due, ben distinti tra loro: da una parte si punta ad eliminare i documenti cartacei attualmente esistenti negli archivi, sostituendoli con opportune registrazioni informatiche e scartando la documentazione non soggetta a tutela per il suo interesse storico-culturale; dall'altra si adottano criteri per evitare o ridurre grandemente la creazione di nuovi documenti cartacei. Le problematiche e le soluzioni previste nei due casi sono diverse e vanno esaminate separatamente.

La gestione e la conversione in digitale della documentazione cartacea oggi esistente negli archivi rappresentano solo una parte delle problematiche connesse alla dematerializzazione. Molto più importante e bisognosa di approfondimento appare la tematica della gestione della documentazione che nasce in formato elettronico. Si segnalano inoltre i problemi di gestione dei sistemi cosiddetti "ibridi", con la coesistenza di documentazione su supporto cartaceo e in elettronico all'interno degli stessi procedimenti amministrativi; la necessità di approfondire la tematica della conservazione permanente della documentazione elettronica e la definizione di soluzioni e regole applicabili; il superamento delle resistenze culturali e psicologiche nei confronti dell'uso del documento elettronico; la formazione del personale, soprattutto nell'ambito della PA.

Si possono segnalare una serie di novità normative specifiche, di strumenti e di progetti che permettono risultati concreti nell'immediato o nel breve periodo.

Uno degli strumenti chiave per ridurre in futuro la carta è la posta elettronica. La diffusione di tale strumento all'interno della PA è passata dal 30% dei dipendenti del 2001 all' 88% attuale. Al fine di favorire, nell'ambito della PA centrale, la sostituzione di comunicazioni cartacee con comunicazioni elettroniche, il Comitato dei Ministri per la Società dell'Informazione ha approvato nel 2003 un progetto noto con la sigla "@P@" (si legge "a per a"). Tale progetto, gestito dal Cnipa, si avvale di un finanziamento di 18 MEuro e prevede tre azioni principali:

a) Avviamento delle condizioni abilitanti, ovvero di attività propedeutiche, sul versante normativo e delle infrastrutture, per rendere concretamente possibile la diffusione su larga scala della comunicazione elettronica nella PA.

•È stata predisposta una "Direttiva" ministeriale sull'utilizzo della posta elettronica nella PA (27 novembre 2003).

•È stato predisposto un "Indice delle PA", accessibile anche al pubblico, il quale contiene già gli indirizzi e-mail di oltre 1600 amministrazioni.

• È stata realizzata la "Rubrica della PA", per uso interno, la quale contiene gli indirizzi di e-mail dei pubblici dipendenti.

b) Stimolo di iniziative nella PA centrale. Una task force predisposta dal Cnipa ha sollecitato proposte per la modifica e lo snellimento delle procedure amministrative mediante la sostituzione della comunicazione cartacea con posta elettronica e posta elettronica certificata. Una volta individuate le aree di intervento, gli esperti del Cnipa hanno poi assistito le amministrazioni anche nella fase di analisi ed in quella di formulazione delle proposte tecniche.

c) Selezione e cofinanziamento delle iniziative. Le proposte di progetto, individuate nella precedente fase, sono state successivamente selezionate da un'apposita Commissione, sulla base di criteri legati all'analisi costi benefici, all'originalità e alla riproducibilità delle iniziative ed ai miglioramenti sulla qualità dei servizi. Complessivamente sono state approvate 30 iniziative nell'ambito di 16 amministrazioni, che hanno interessato 300 procedure; il cofinanziamento è stato in media del 30%, su un costo complessivo per realizzare i progetti di 50 MEuro.

Si prevede di ottenere a fine 2006, quando tutte le iniziative co-finanziate saranno a regime, un risparmio di oltre 150 MEuro per anno, di cui circa la metà attribuibile agli oltre 2.600 anni/persona riutilizzabili e la rimanente parte agli oltre 75 milioni di pagine di carta di cui verrà soppressa ogni anno la produzione, spedizione e archiviazione.

Si otterrà inoltre un sensibile miglioramento della qualità del servizio derivante dall'abbattimento dei tempi delle procedure amministrative.

I progetti co-finanziati riguardano un ampio spettro di situazioni e contesti amministrativi, il che fornisce una chiara indicazione delle grandi potenzialità di intervento. È inoltre possibile individuare alcuni tipi di iniziative particolarmente interessanti in quanto efficacemente rappresentative di situazioni ricorrenti nell'ambito della PA, e quindi utili modelli per processi di riuso. Tra esse si possono citare:

a) Comunicazioni tra amministrazioni. Queste possono essere drasticamente semplificate ed accelerate tramite il protocollo informatico e la posta elettronica certificata. Quest'ultima, eventualmente accoppiata alla firma digitale, consente una completa tracciabilità sia dei tempi di spedizione e ricezione sia del contenuto dei messaggi. Il risparmio è particolarmente significativo quando la comunicazione elettronica sostituisce addirittura la consegna a mano di documenti di rilevante importanza.

b) Comunicazioni interne. Questo caso interessa soprattutto le amministrazioni con struttura territorialmente distribuita in cui i flussi interni di documentazione cartacee sono di grande volume e a volte rivestono notevole rilevanza formale. L'intervento prevede il ricorso alla posta elettronica sia ordinaria che certificata, e consiste nella sostituzione con comunicazioni elettroniche dello scambio di documenti cartacei per la gestione interna (comunicazioni amministrazione-dipendente, tra dipendenti, bacheche elettroniche).

c) Portali per la diffusione delle informazioni. I portali consentono di sostituire efficacemente i flussi "uno a molti", oggi gestiti a livello cartaceo, tramite un processo di pubblicazione formale delle informazioni, con eventuali meccanismi di registrazione ed accesso selettivo. Le tipologie ricorrenti sono quelle della comunicazione dell'amministrazione verso i dipendenti e verso soggetti esterni, cittadini ed operatori di settore. I portali possono anche supportare la comunicazione nei due sensi, e quindi dai soggetti esterni verso l'amministrazione. Questo è il caso dei portali destinati a consentire a cittadini e imprese la consultazione dello stato di avanzamento delle pratiche di competenza su tutti i procedimenti posti in trasparenza.

Occorre infine osservare che in tutti i casi sopra esposti la sostituzione del flusso cartaceo con la comunicazione elettronica costituisce solo una componente del risparmio complessivo.

Infatti il ridisegno delle procedure porta alla creazione di documenti che nascono digitali, e quindi estende i suoi benefici anche a tutti i successivi passaggi di trasmissione, gestione ed archiviazione del documento, eliminando alla sorgente i problemi relativi alla certificazione di conformità ed all'eliminazione degli originali cartacei.

Un'altra importante iniziativa, già in atto, riguarda l'eliminazione del tradizionale cedolino stipendio per i dipendenti pubblici: in sostituzione del modulo cartaceo, il sistema SPT precedentemente citato, lo invia per posta elettronica, con le dovute garanzie di riservatezza. Il risparmio pari a circa 27 milioni di euro annui riguarda il costo della carta e gli oneri per la distribuzione fisica dei cedolini stessi.

Il Ministero dell'economia e delle finanze sta rimuovendo gli ultimi ostacoli per consentire che l'intero processo fiscale delle imprese avvenga in modo telematico: mancano solo alcuni tasselli normativi sulle modalità tecniche con le quali trasferire su supporto informatico le fatture e i moduli tributari attualmente circolanti su supporto cartaceo.

Il Ministero del lavoro e delle politiche sociali ha già avviato il processo per eliminare la maggior parte della documentazione cartacea che, per legge, deve essere tenuta presso ogni datore di lavoro, come, ad esempio, i registri e i libri matricola: la loro sostituzione con apposite procedure informatiche non solo ridurrà la mole della carta ma renderà più facile sia la tenuta delle registrazioni sia la fase di controllo.

Nel campo dei privati, in materia di dematerializzazione sono molto attive le Poste Italiane che stanno realizzando alcuni progetti innovativi, tra i quali va segnalato quello che riguarda i bollettini postali. Ogni anno vengono elaborati oltre 600 milioni di documenti di questo tipo: la procedura attuale prevede che una parte del bollettino resti al mittente, per attestazione del pagamento effettuato, mentre la seconda parte vada al destinatario. La nuova modalità consiste nell'invio al destinatario di un'immagine informatica dell'attestazione, con una drastica riduzione dei tempi e dei costi per i controlli.

In questo contesto e al fine di definire azioni coerenti ed incisive volte a promuovere all'interno delle amministrazioni le potenzialità offerte dalla legislazione e dalle tecnologie, il Ministro per l'innovazione e le tecnologie, nel novembre del 2004 ha istituito il "Gruppo di lavoro interministeriale sulla dematerializzazione della documentazione tramite supporto digitale".

Tra i suoi compiti quello di individuare criteri e modalità tecniche per la conservazione digitale delle diverse tipologie di documenti amministrativi; definire le regole per la trasmissione e l'esibizione dei documenti "dematerializzati", in modo da garantirne l'integrità, la conformità e la provenienza; proporre iniziative per razionalizzare, modificare o integrare la normativa vigente.

Il modus operandi del Gruppo di Lavoro è consistito nell'esame della normativa e delle prassi in uso presso le amministrazioni centrali relativamente alla gestione documentale informatica, nonché nell'analisi di una serie di progetti particolarmente significativi realizzati in questo settore e in un programma di audizioni di associazioni professionali e di categoria. Dopo aver individuato alcuni aspetti nodali inerenti la tematica della dematerializzazione, il Gruppo di Lavoro ha dato vita a dieci Tavoli tecnici con il compito di approfondire le singole problematiche e di formulare precise proposte di intervento.

PARTE I

IL CAMPO D'AZIONE DELLA
DEMATERIALIZZAZIONE

1. L'influenza dell'innovazione informatica

Il processo di innovazione e riforma della Pubblica Amministrazione in atto prevede una forte semplificazione amministrativa e strutturale, con particolare attenzione alle possibilità di fornitura di servizi, grazie soprattutto alle grandi opportunità di comunicazione tra amministrazioni e cittadini garantite dalle tecnologie informatiche.

Le norme dedicate alla trasformazione dei sistemi documentari pubblici emanate negli ultimi anni tendono alla completa automazione delle procedure attraverso strumenti quali il protocollo informatico, i sistemi di classificazione e fascicolazione elettronica, il trasferimento su supporto digitale della documentazione cartacea, la formazione dei documenti interamente in formato elettronico.

Il tema della "dematerializzazione" della documentazione prodotta nell'ambito dell'attività della Pubblica Amministrazione rappresenta uno dei principali elementi di discussione all'interno dei processi di riforma della gestione dell'attività amministrativa in ambiente digitale.

Il problema può essere affrontato da molteplici angoli di visuale: dal punto di vista strettamente economico, con particolare attenzione alla riduzione del consumo della carta, del conseguente risparmio sui costi e del diminuito impatto ambientale; dal punto di vista giuridico e archivistico, con la necessità di riformare tradizioni e prassi amministrative consolidate e di adattare e armonizzare la normativa dedicata alla gestione documentale all'impatto della informatizzazione; dal punto di vista delle soluzioni tecniche, che devono necessariamente rispondere alla domanda di efficienza, efficacia e trasparenza richieste dall'azione amministrativa e fornire tutte le garanzie in termini di autenticità e integrità della documentazione e di accessibilità e sicurezza nel contesto della conservazione.

Il termine "dematerializzazione" non possiede uno spessore semantico particolare nell'ambito amministrativo e nella pratica burocratica. Solitamente non viene usato e non conta sinonimi diretti nella letteratura archivistica e compare da poco tempo nei testi normativi e all'interno di disposizioni in materia di gestione documentale.

Ha tuttavia un forte valore evocativo per identificare la progressiva perdita di consistenza fisica da parte degli archivi tradizionalmente cartacei delle amministrazioni, all'atto della sostituzione con documenti informatici.

È quindi possibile definire questo termine come conseguenza diretta del progressivo incremento della gestione documentale informatizzata all'interno delle strutture amministrative pubbliche e private e come effetto dei processi di sostituzione dei supporti tradizionali della documentazione amministrativa in favore del documento informatico, a cui la normativa ha conferito pieno valore giuridico.

Si è tuttavia dimostrato che la dematerializzazione rappresenta una reale prospettiva di progresso all'interno dei sistemi documentari delle amministrazioni coinvolte solo quando riesca a coordinare la disciplina dei documenti informatici dettata dalla normativa recente e le norme più generali relative alla gestione e conservazione della documentazione amministrativa e degli archivi. Le regole e le pratiche alla base del ciclo di gestione dei sistemi documentari informatizzati – dedotte dai tradizionali strumenti che regolano la vita degli archivi delle amministrazioni – prevedono infatti la puntuale applicazione di principi quali la registrazione e segnatura di protocollo, la classificazione, la fascicolazione, l'archiviazione, la selezione e la conservazione.

Parallelamente a tali pratiche appare necessaria una sistematica introduzione e applicazione degli strumenti preposti a garantire l'affidabilità del documento informatico, in primis la firma digitale.

L'adozione degli strumenti dell'ICT può essere quindi considerata solo una premessa per la riduzione dell'uso della carta, in quanto – in via generale – consentono una migliore gestione delle informazioni e dei processi. La quantificazione del risparmio di materia prima e dei benefici economici conseguenti all'attuazione di progetti di questo tipo è elemento essenziale per la loro valutazione, unitamente ai principali vantaggi solitamente attribuiti all'uso degli strumenti ICT: il recupero di efficienza produttiva, la rapidità nell'elaborazione e trasmissione delle informazioni; la possibilità di archiviazione e di recupero di grandi moli di dati.

Se infatti da un lato la gestione elettronica fornisce indubitabili vantaggi in termini di risparmio di carta, di velocità e controllo dei processi e di diminuzione dei costi per le amministrazioni e le imprese, tali modalità devono essere declinate rispetto alle diverse esigenze della Pubblica Amministrazione e costituire un qualificante strumento di efficienza, di trasparenza e soprattutto di efficacia nei confronti del cittadino.

2. Evoluzione tecnologica e normative

La continua evoluzione delle tecnologie costituisce una evidente ed oggettiva difficoltà per il legislatore e per tutti i soggetti preposti all'emanazione di norme in questo settore per comprendere appieno le potenzialità e i limiti delle soluzioni offerte dal mercato e per emanare disposizioni effettivamente applicabili.

In generale il panorama normativo internazionale, con particolare riferimento al contesto anglosassone e nordamericano, si dimostra particolarmente attento alla prevenzione delle frodi, al rispetto delle garanzie di privacy, all'organizzazione e alla conservazione delle registrazioni elettroniche, alla garanzia dell'originalità dei documenti e alla trasparenza dei processi, nonché alla pubblicizzazione di informazioni di interesse generale.

Ulteriori elementi qualificanti di tale normativa si possono individuare nell'attenzione per il controllo dei processi, con la definizione di procedure, controlli di aderenza a regole e standard predefiniti, definizione di responsabilità, e nell'attenzione alla tracciabilità delle operazioni e alla gestione dei contenuti (classificazione, ricerca, accessibilità, conservazione e protezione nel tempo, ruoli e responsabilità nella gestione dei contenuti).

La produzione normativa nazionale degli ultimi anni presenta un processo evolutivo complesso, ma decisamente orientato ad una sempre maggiore applicabilità, coerentemente alle disposizioni emanate dalla UE che sono andate nella direzione dell'ampliamento del concetto di documento informatico e della definizione delle varie tipologie delle firme elettroniche.

Negli ultimi due anni sono state adottate varie soluzioni normative che prevedono elementi di operatività di capitale importanza per la promozione della dematerializzazione e della conservazione digitale, quali: – il Decreto del Ministero dell'economia e delle finanze del 23 gennaio 2004 recante le "Modalità di assolvimento degli obblighi fiscali relativi ai documenti informatici ed alla loro riproduzione in diversi tipi di supporto". Tale provvedimento era necessario per archiviare digitalmente i documenti tradizionali (su carta) rilevanti ai fini tributari in base alla Legge 489/94 e, per quanto riguarda i documenti informatici, secondo il DPR 445/2000. Il testo intende semplificare l'attività di chi deve operare, focalizzando l'attenzione sia sulle definizioni, sia su elementi chiave quali la marcatura temporale, la firma digitale e la non modificabilità del documento; – il D. Lgs. 20 febbraio 2004, n. 52 che, recependo la direttiva 2001/115/CE sulla fatturazione elettronica, semplifica ed armonizza le modalità di fatturazione in materia di IVA; – la Deliberazione CNIPA 19 febbraio 2004, n. 11 inerente le "Regole tecniche per la riproduzione e conservazione di documenti su supporto ottico idoneo a garantire la conformità dei documenti agli originali"; – il D. Lgs. 7 marzo 2005, n. 82 recante il "Codice dell'Amministrazione digitale".

In particolare questo ultimo provvedimento costituisce il punto di riferimento normativo per perseguire la dematerializzazione della documentazione amministrativa.

Il Codice individua infatti alcuni principi che costituiscono altrettanti diritti per il cittadino e che comportano immediati riflessi sulla gestione del documento informatico.

In particolare il diritto all'accesso e all'invio di documenti digitali (sancito dall'art. 4), il diritto ad effettuare qualsiasi pagamento in forma digitale (art. 5), il diritto a ricevere qualsiasi comunicazione pubblica per e-mail (art. 6), il diritto a trovare on line i moduli e i formulari validi e aggiornati (art. 57). Tali diritti sono garantiti dall'attivazione di pratiche e di strumenti con piena validità giuridica, atti a certificare i provvedimenti amministrativi e favorire la semplificazione amministrativa e la produzione di documenti informatici nei rapporti tra cittadini, imprese e Pubblica Amministrazione.

I principali strumenti di questa riforma sono identificati nell'attivazione dei sistemi di posta elettronica certificata (art. 6 e art. 48) e nell'utilizzo della firma digitale (art. 24), che garantiscono piena validità giuridica dei documenti informatici ed impongono alle pubbliche amministrazioni di perseguire la gestione informatica dei procedimenti (art. 40 e segg.) e la trasmissione informatica dei documenti (art. 45 e segg.).

Ulteriori, sostanziali contributi in questo ambito verranno garantiti dalla disponibilità dei dati (art. 50 e 58), che ogni amministrazione dovrà rendere accessibili attraverso il Sistema Pubblico di Connettività ad altri soggetti pubblici per lo svolgimento dei propri compiti istituzionali, e dalla costituzione di basi di dati di interesse nazionale (art. 60).

La PA digitale opererà inoltre una sostanziale riduzione dei certificati (art. 57) richiesti ai cittadini e alle imprese attraverso la trasmissione dei documenti tra amministrazioni e la condivisione delle informazioni.

Di fronte a tali provvedimenti il mercato della domanda e dell'offerta di tecnologie ha riacceso il suo interesse, con una rinnovata disponibilità ad investire in processi di dematerializzazione, nell'ambito della conservazione sostitutiva, della fatturazione elettronica e della gestione automatica dei processi amministrativi.

Lo sforzo normativo, prevalentemente pensato in funzione della PA, appare fortemente orientato alle garanzie che si richiedono al documento informatico, alla sua trasmissione, alla sua conservazione.

Le aziende private, di contro, si muovono in un contesto globale (non coperto dai suddetti provvedimenti, ma da normative più attente ai flussi, ai processi, che non alla sola conservazione), con maggiore flessibilità nei confronti delle garanzie di autenticità, di certezza, di origine dei documenti, ecc.

3. Le conseguenze

La "dematerializzazione" comporta quindi una riflessione generale sulle prassi amministrative che vada dalla gestione corrente delle attività alla conservazione permanente dei documenti, esigendo un approccio concettuale che individui soluzioni applicative ed organizzative finalizzate a permettere agli enti di gestire tutta l'attività amministrativa in ambiente digitale.

A livello tecnico devono inoltre essere approntare soluzioni definite sia per la dematerializzazione e conservazione della documentazione cartacea esistente, sia per la conservazione dei documenti che nascono in ambiente digitale.

Si tratta di due aspetti distinti ma allo stesso tempo profondamente correlati ai fini della gestione amministrativa generale. I due principali elementi comuni possono individuarsi essenzialmente nella garanzia di preservare l'integrità del documento (e quindi la sua autenticità) e nella necessità di conservare il documento nel tempo.

Il fatto che il documento amministrativo rappresentato su supporto cartaceo sia stato fino ad epoche recenti dotato di valore probatorio esclusivo ha comportato un generale disinteresse nei confronti della conservazione delle memorie digitali, generando grandi sistemi ibridi fin dal momento in cui il trattamento e la gestione di dati amministrativi sono stati affidati a basi di dati, sistemi informativi, siti web, software di gestione.

La gestione e la conservazione della documentazione dematerializzata rappresentano due ambiti allo stesso tempo divisi e integrati. La gestione offre generalmente immediati ed evidenti vantaggi quali il risparmio di tempo e risorse e la trasparenza. La sfera della conservazione garantisce vantaggi meno immediati e visibili, ma di maggiore consistenza in rapporto alla validità giuridica del documento digitale nel tempo, alla sua appartenenza al "bene pubblico", al suo valore di fonte e di memoria storica.

L'archivio corrente rappresenta in toto l'ambiente di gestione, dove si svolge la funzione amministrativa e i documenti e i fascicoli ne tracciano la storia. In questa sede si svolgono le relazioni fra cittadini e imprese e la Pubblica Amministrazione e tutte le azioni delle transazioni generate dai servizi on line. In tale ambiente le pratiche subiscono le verifiche di integrità, autenticità e validità. All'atto dell'esaurimento della sua funzione amministrativa la pratica e i documenti che la compongono devono affrontare le problematiche ed i processi di conservazione, solitamente gestite nell'ambito dell'archivio storico e di deposito.

Le modalità ed i processi di conservazione devono necessariamente distinguere le tipologie dei supporti. A seconda che il supporto nativo sia cartaceo o digitale si originano diverse modalità di archiviazione e conservazione. La conversione del cartaceo in digitale genera i processi di conservazione sostitutiva che – potenzialmente – permettono la distruzione della documentazione cartacea. Comuni saranno le pratiche di conservazione dei documenti digitali e di redazione di tutte le informazioni di profilo e metadati, necessarie per ovviare ai problemi indotti dalla progressiva obsolescenza dei supporti.

Nel caso di documenti che nascono in digitale, il loro ciclo di vita può prevedere l'acquisizione dall'esterno da parte dell'amministrazione interessata attraverso posta elettronica o sito web, l'entrata nel ciclo amministrativo tramite il sistema di protocollo e la verifica della firma digitale che ne attesta l'integrità, la loro classificazione e fascicolazione, il trattamento da parte dei sistemi di workflow, la memorizzazione su piattaforme di gestione digitale dei documenti. Quando il documento nativo è su supporto cartaceo, si deve prevedere la sua dematerializzazione, tramite scansione e acquisizione in formato digitale, per l'entrata nel ciclo amministrativo precedentemente delineato.

Oltre alla distinzione concettuale e pratica dell'ambiente di conservazione da quello di gestione, è altrettanto importante stabilire principi e modalità alla base dei processi per garantire una conservazione (anche permanente) dei documenti digitali, definendo la morfologia dei set di metadati necessari e identificando le prassi per certificare la correttezza dei processi di conservazione.

La dematerializzazione del cartaceo esistente pone inoltre rilevanti problemi di natura giuridica soprattutto in relazione all'ampia nozione accolta nel D. Lgs. 22 gennaio 2004, n. 42 (Codice dei Beni culturali e del paesaggio). Tale provvedimento considera infatti beni culturali gli archivi e i singoli documenti di tutte le amministrazioni e gli enti pubblici (art. 10) ed investe l'Amministrazione archivistica delle funzioni di vigilanza e tutela. In questo ambito le operazioni di selezione e scarto della documentazione amministrativa si rivelano di fondamentale importanza ai fini di una corretta politica di dematerializzazione.

Uno scarto correttamente impostato ed effettuato consente di ridurre notevolmente il materiale cartaceo da conservare e, conseguentemente, riduce quantitativamente i problemi collegati alla sua dematerializzazione.

Di conseguenza, la dematerializzazione deve riguardare solo i documenti che residuano allo scarto. Occorre quindi puntare sul corretto funzionamento delle Commissioni interne per gli archivi e lo scarto dei documenti istituite in ogni amministrazione e regolamentate dal DPR 8 gennaio 2001, n. 37, le cui competenze risultano essenziali nel definire e governare i criteri e le pratiche di selezione della documentazione.

Un ulteriore elemento di riflessione di particolare importanza riguarda il tema del collegamento tra i piani di conservazione degli archivi ed i sistemi di classificazione, per consentire di individuare i tempi di conservazione delle singole tipologie documentarie ritenuti necessari sin dal momento di formazione del documento.

Analogamente necessita di opportuni approfondimenti la questione della presenza, all'interno dei processi di formazione dei documento, dei cosiddetti "cicli misti", su supporto cartaceo e in ambiente digitale, che rendono oltremodo difficoltosa l'applicazione delle tecniche di autenticazione e conservazione.

PARTE II

GLI STRUMENTI PER LA DEMATERIALIZZAZIONE

Introduzione

Lo sviluppo di sistemi documentari informatici ha provocato delle grandi trasformazioni, sia di ordine tecnologico che organizzativo all'interno dei sistemi amministrativi, con lo sviluppo di tecnologie di rete per il trattamento dei documenti condivisi, l'interoperabilità in ambiente web, la comunicazione attraverso e-mail, con nuove funzioni operative, di coordinamento e di controllo.

In questo contesto, gli strumenti archivistici tradizionali hanno subito aggiornamenti e trasformazioni, ma non nei principi che ne regolano il funzionamento e le finalità.

Con l'introduzione dei sistemi (obbligatori per la PA) di protocollazione informatica e attraverso la semplificazione e razionalizzazione dei modelli organizzativi (con l'introduzione delle Aree Organizzative Omogenee), la registrazione di protocollo ha rafforzato la sua funzione di strumento per l'identificazione univoca dei documenti formati e acquisiti.

Analoga ridefinizione ha subito la classificazione, intesa come organizzazione funzionale e ordinamento di tutti i documenti di un soggetto, che è divenuta un requisito vincolante di un sistema documentario informatico per consentire la corretta ed efficiente formazione dei fascicoli, l'integrazione con i piani di conservazione e di sicurezza e con la gestione dei processi, nonché il rapido recupero dei documenti sulla base delle relazioni funzionali che si sono costituite nel corso dell'attività amministrativa.

La strutturazione e l'introduzione all'interno delle amministrazioni di sistemi documentari informatici presenta problemi e criticità di tipo organizzativo, di ordine tecnologico e di natura archivistica. Vanno ridefiniti strutture e responsabilità, devono essere progettate architetture informatiche e definiti modelli di gestione dei flussi documentali e metodi di conservazione.

Le criticità della fase di transizione riguardano in particolare la gestione dei sistemi ibridi e la conservazione a lungo termine. In particolare quest'ultima problematica rappresenta uno dei passaggi decisivi, in quanto esige cambiamenti radicali in termini operativi e di mentalità. La conservazione in ambiente digitale è una funzione attiva e continua nel tempo, per la quale non sono ancora stati sviluppati metodi condivisi e completamente regolamentati, e quindi è necessario intervenire sin dalle prime fasi di produzione e gestione dei documenti.

Le soluzioni possibili in una fase di transizione che si prospetta di durata relativamente lunga dovrebbero essere indirizzate all'applicazione diffusa e sistematica di tutti gli strumenti disponibili a garantire l'autenticità dei documenti e all'adozione di sistemi di classificazione dettagliati che includano procedure per la conservazione e la selezione dei documenti.

1. Protocollazione e gestione documentale

Nella moderna concezione amministrativa e nella normativa recente i sistemi di protocollo informatico e di gestione dei flussi documentali possono diventare gli strumenti per la completa attuazione dei principi e dei programmi di trasparenza amministrativa tra amministrazioni e cittadini e imprese.

La protocollazione rappresenta una delle fasi determinanti nella gestione dei sistemi documentali all'interno delle pubbliche amministrazioni. Il protocollo è uno strumento tecnico necessario per gestire la documentazione nella fase di formazione e per operare una corretta strutturazione dell'archivio, organizzando le fasi di produzione e consentendo una corretta gestione della documentazione nell'archivio corrente.

Con l'emanazione del DPR 428/1998, successivamente confluito nel DPR 445/2000, il legislatore, prescrivendo l'obbligo per le amministrazioni pubbliche dell'adozione di un sistema di protocollo informatico e di gestione della documentazione entro il termine del 31 dicembre 2003, ha individuato nel protocollo il punto nevralgico di tutti i flussi di lavoro tra le amministrazioni e all'interno di esse.

Tutto ciò ha posto le amministrazioni italiane di fronte alla necessità di ridefinire la struttura documentale dell'ente analizzando e ridisegnando i flussi, introducendo o aggiornando i sistemi di classificazione e strutturando l'archivio come una funzione primaria dell'ente stesso.

Molta importanza ha avuto, inoltre, l'introduzione, nella normativa italiana, del concetto di documento elettronico e della sua gestione poiché all'interno di tali norme si sviluppa il progetto di informatizzazione del protocollo, dell'uso della firma digitale e dei criteri di conservazione dei documenti elettronici.

L'art. 7 del DPR 428/1998 includeva le operazioni di classificazione del documento tra quelle necessarie per la tenuta del protocollo informatico, ed in particolare per la realizzazione del cosiddetto nucleo minimo di protocollo.

Nella disciplina archivistica la classificazione è un'operazione finalizzata all'organizzazione fisica dei documenti secondo uno schema di classificazione (titolario), cioè uno schema organicamente derivato dalle competenze funzionali dell'ente.

I documenti elettronici, a causa delle loro peculiarità ed in accordo con quanto prescritto dall'attuale normativa in materia di protocollo informatico rendono la classificazione dei documenti operazione necessaria e contigua alla protocollazione, in quanto, in assenza di una indicizzazione e di una struttura di classificazione, il documento elettronico diventa praticamente irrecuperabile.

L'introduzione del documento informatico, la cui validità già annunciata nell'art. 22 della L. 241/90 è oggi pienamente garantita dalla legislazione recente, nonché la sua crescente diffusione nella PA, costringono ad una revisione della disciplina archivistica e ad un suo adeguamento in relazione ai cambiamenti in atto a seguito della affermazione delle ICT.

La gestione automatizzata del flusso dei documenti necessita di un'infrastruttura applicativa su cui incentrare i sistemi di gestione documentale integrati con il protocollo, i sistemi di pianificazione e controllo, i sistemi di workflow per la gestione dell'iter procedimentale.

La normativa stabilisce che ogni amministrazione deve individuare al proprio interno un insieme di "Aree Organizzative Omogenee" (AOO) e per ciascuna di esse deve dotarsi di un sistema di protocollo informatico che realizzi alcune funzionalità di base (nucleo minimo).

L'effettuazione di una registrazione di protocollo (ovvero l'operazione con la quale si memorizzano le informazioni principali relative al documento nel registro di protocollo) corrisponde alla assunzione di responsabilità da parte dell'amministrazione e in particolar modo serve a certificare l'esistenza del documento a partire da una certa data.

Questo significa che, nel caso di documenti ricevuti, l'amministrazione non può negare, a fronte della richiesta di esibizione del contenuto di una registrazione, che un documento sia esistito. Inoltre essa certifica il fatto che il documento è entrato nell'ambito dell'amministrazione e dei processi amministrativi di quest'ultima che lo riguardano.

Nel caso di documenti prodotti dall'amministrazione, la stessa può avvalersi dello strumento protocollo informatico per fini probatori (ad esempio per dimostrare a terzi che un proprio documento è stato prodotto o che ha ottenuto un valore ufficiale a partire da una certa data).

Il nucleo minimo prevede anche l'adozione di un titolario per permettere all'amministrazione di archiviare i documenti protocollati in base ad uno schema di classificazione predefinito. In tal modo, oltre a favorire le necessità correnti come la ricerca dei documenti, si pongono le basi per la gestione complessiva del patrimonio documentale dell'amministrazione.

La normativa, oltre a dare dei principi generali (e quindi a specificare quali sono i requisiti del sistema), detta le regole organizzative interne e le caratteristiche dei sistemi tecnologici che ciascuna amministrazione deve adottare per essere in grado di fornire i servizi di certificazione e di gestione dei documenti garantendo la sicurezza e l'integrità dei dati, e l'accesso diretto ai soli soggetti che ne hanno diritto, in modo da non violare la legge sulla privacy; in particolare l'amministrazione deve per ogni AOO: mantenere un registro informatico; istituire un servizio e nominare un responsabile; assicurare che venga effettuata la registrazione di protocollo dei documenti scambiati con soggetti esterni.

Nella maggior parte dei casi un sistema di protocollo informatico rappresenta quindi il primo passo nell'automazione dei procedimenti amministrativi o, più in generale, nel supporto all'informatizzazione dei processi o flussi di lavoro (workflow). All'interno della Pubblica Amministrazione il protocollo informatico ha rappresentato finora il primo passo verso l'automazione dell'ufficio, mentre il supporto alla gestione di flussi documentali ne rappresenta il successivo.

2. Classificazione e fascicolazione

L'evoluzione della normativa in tema di documentazione amministrativa, l'introduzione diffusa dei sistemi di protocollo informatico all'interno della Pubblica Amministrazione, il progressivo incremento della produzione di documentazione digitale hanno provocato una rinnovata attenzione relativamente al tema della classificazione quale strumento essenziale per l'efficienza della gestione dei flussi documentali e dell'archiviazione, e quindi di efficacia amministrativa.

Una serie di esperienze e di progetti promossi, nel corso dell'ultimo decennio, da alcuni enti e dall'Amministrazione archivistica dedicati alla predisposizione di piani di classificazione condivisi per una serie di tipologie di soggetti istituzionali (Camere di Commercio, Università, Aziende sanitarie locali, Regioni, Province, Comuni) hanno consentito di sviluppare strumenti e modelli di gestione (titolari, massimari di conservazione e manuali di gestione) della documentazione utili all'applicazione delle procedure informatizzate nella gestione del servizio di protocollo e di archivio previsti dal DPR 445/2000.

La classificazione è un'attività che consente di organizzare tutti i documenti correnti prodotti da un determinato soggetto (nel caso della Pubblica Amministrazione, da una Area Organizzativa Omogenea), protocollati e non, secondo uno schema articolato di voci (il piano di classificazione, comunemente detto titolario) che descrive l'attività del soggetto produttore identificandone funzioni e competenze.

Mediante le operazioni di classificazione e registrazione di protocollo vengono attribuiti a ciascun documento dei codici di riferimento che lo identificano e lo associano agli altri documenti che formano la stessa pratica, nell'ambito di una delle serie di un determinato archivio. Tale pratica consente rapidità ed efficienza nel reperimento della documentazione e facilita la definizione dei tempi di conservazione delle unità documentarie ai fini delle operazioni di selezione e scarto.

Il titolario ha inoltre la finalità di rendere possibile la gestione integrata di sistemi documentari ibridi, in parte cartacei, in parte digitali; di identificare le responsabilità specifiche per la gestione dei documenti; di collegare le finalità amministrative relative al trattamento degli affari con le tecniche di gestione dei documenti.

Sono soggetti a classificazione tutti i documenti che entrano a far parte di un sistema documentale, a prescindere dal fatto che siano documenti ricevuti, spediti o interni e dal fatto che si tratti di documenti cartacei o informatici. In quanto strumento di prima organizzazione dei documenti, la classificazione si dovrebbe applicare contestualmente allo svolgimento delle attività correnti e mai a posteriori in archivi già formati secondo criteri diversi.

La fascicolazione è un'attività di riconduzione logica (e, nel caso di documenti cartacei, anche fisica) di un documento all'interno dell'unità archivistica che ne raccoglie i precedenti, al fine di mantenere vivo il vincolo archivistico che lega ogni singolo documento alla pratica relativa. Tale attività permette di costruire un sistema basato sull'organizzazione funzionale dei documenti in unità complesse stabili nel tempo (i fascicoli), che riflettono la concreta attività del soggetto produttore.

La classificazione facilita inoltre la gestione dei tempi di conservazione e delle modalità di accesso dei fascicoli (art. 6 DPCM 28 ottobre 1999).

Per la corretta formazione dell'archivio corrente è necessario descrivere sequenzialmente i fascicoli in un registro destinato a tale scopo, che prende il nome di repertorio, la cui funzione deve essere assicurata anche dalla gestione informatica del protocollo e dei flussi documentali.

Il repertorio deve essere organizzato in maniera da riprodurre le suddivisioni del titolario d'archivio e determina il perfezionamento delle operazioni di classificazione. I fascicoli vengono registrati con numerazione progressiva secondo l'ordine cronologico in cui si costituiscono.

La classificazione e la fascicolazione favoriscono la sedimentazione stabile dei documenti prodotti e acquisiti dall'amministrazione nel corso della propria attività: solo così si assicura la possibilità per l'amministrazione stessa e per il cittadino di accedere ad una informazione contestualizzata, che dia conto del patrimonio informativo utilizzato a supporto di una determinata attività amministrativa.

La recente normativa ha sancito l'obbligatorietà della classificazione per tutte le pubbliche amministrazioni (art. 64 c. 4 DPR 445/200) quale strumento fondamentale per la corretta gestione del sistema archivistico, in funzione dell'attuazione dei principi di economicità, efficacia, trasparenza e garanzia dell'imparzialità dell'azione amministrativa (art. 1 c. 1 L.241/1990, art. 2 c. 1 D. Lgs. 29/1993), definendola inoltre "necessaria" per la tenuta del sistema di gestione informatica dei documenti (art. 56 DPR 445/2000).

Gli Enti pubblici hanno inoltre l'obbligo giuridico di ordinare il proprio archivio (art.30 D. Lgs. 42/2004) secondo due aspetti: predisporre mezzi e procedure perché l'archivio corrente nasca ordinato, e riordinare l'archivio già esistente ove si trovi in stato di disordine. Il primo di questi aspetti si riconduce all'obbligo di classificazione.

Per una corretta gestione documentale la normativa prevede che la documentazione sia classificata secondo un piano predeterminato in base a principi funzionali.

La normativa vigente e la dottrina archivistica prevalente privilegiano l'adozione di un sistema di classificazione basato sulle funzioni esercitate dall'Ente, negli ambiti di competenza definiti dalla legge. In virtù di tali principi ed al fine di garantire la stabilità della classificazione e la continuità delle serie archivistiche anche nel caso di cambiamenti nell'assetto degli uffici produttori, la progettazione dei titolari all'interno della PA non segue lo schema degli organigrammi, ma vengono disegnati in base alle funzioni e alle competenze dell'ente.

Nell'attuale momento storico la Pubblica Amministrazione italiana gestisce archivi formati da documentazione su supporto analogico (essenzialmente cartaceo) e da documenti digitali, parte dei quali provvisti di strumenti di validazione come la firma digitale. I sistemi di gestione documentale degli enti si trovano nella situazione di dover governare tale situazione ibrida per un tempo che non è ancora possibile quantificare.

Questa convivenza di diversi tipi di supporti può dipendere per un verso dalla diretta produzione/ricezione di documenti su supporto informatico che vanno ad aggiungersi ai preesistenti documenti tradizionali, dall'altro può essere frutto della scelta di trasformare documenti tradizionali in documenti digitali.

I sistemi di classificazione, in virtù della loro funzione di legare sistematicamente documenti, rappresentano gli strumenti indispensabili nell'organizzazione sia degli archivi cartacei che di quelli digitali, nonché dei sistemi ibridi, che per ragioni di conservazione fisica dei rispettivi supporti si trovano in collocazioni diverse.

In altre parole la classificazione consente di costituire, mantenere nel tempo o ricostruire i legami logici e funzionali tra documenti formati, pervenuti e gestiti su supporti diversi, che attengano allo svolgimento di una medesima attività amministrativa.

3. Firma digitale

La firma digitale è il risultato di una procedura informatica che garantisce l'autenticità e l'integrità dei documenti scambiati e archiviati con mezzi informatici, al pari di quanto svolto dalla firma autografa per i documenti tradizionali. La differenza tra firma autografa e firma digitale è che la prima è legata alla caratteristica fisica della persona che appone la firma, vale a dire la grafia, mentre la seconda al possesso di uno strumento informatico e di un PIN di abilitazione, da parte del firmatario.

La firma digitale è quindi il risultato di una procedura informatica che consente al sottoscrittore di rendere manifesta l'autenticità del documento informatico ed al destinatario di verificarne la provenienza e l'integrità. In sostanza i requisiti assolti sono l'autenticità (con un documento firmato digitalmente si può essere certi dell'identità del sottoscrittore) e l'integrità (sicurezza che il documento informatico non è stato modificato dopo la sua sottoscrizione).

Per generare una firma digitale è necessario possedere una coppia di chiavi crittografiche (asimmetriche), attribuite in maniera univoca ad un soggetto detto "titolare" della coppia di chiavi. La prima chiave (chiave privata) destinata ad essere usata solo dal titolare, è utilizzata per la generazione della firma digitale da apporre al documento, la seconda chiave (chiave pubblica) viene utilizzata per verificare l'autenticità della firma.

Caratteristica di tale metodo, detto crittografia a doppia chiave, è che, firmato il documento con la chiave privata, la firma può essere verificata con successo esclusivamente con la corrispondente chiave pubblica. La sicurezza è garantita dalla impossibilità di ricostruire la chiave privata (segreta) a partire da quella pubblica, anche se le due chiavi sono univocamente collegate.

A partire dal 1997, una serie di provvedimenti legislativi hanno conferito valore giuridico al documento informatico e alla firma digitale. La pubblicazione della Direttiva europea 1999/93/CE (Directive 1999/93/EC of the European Parliament and of the Council on a common framework for electronic signatures), nel gennaio del 2000, ha dato ulteriore impulso al processo legislativo, imponendo un quadro comune agli stati dell'Unione europea.

Il processo legislativo ha anche fornito delle indicazioni sulle tecnologie da impiegare per ottenere delle firme digitali che possano ritenersi equivalenti a quelle autografe. La struttura normativa dettata dal legislatore comunitario ha introdotto differenti livelli di sottoscrizione.

Nel linguaggio corrente, quindi, hanno iniziato a essere utilizzati i termini firma "debole" o "leggera" e firma "forte" o "pesante". Dal punto di vista tecnico e realizzativo è ben definita la firma "forte", ovvero quella che il legislatore definisce firma digitale. Essa è basata su un sistema a chiavi crittografiche asimmetriche, utilizza un certificato digitale con particolari caratteristiche, rilasciato da un soggetto con specifiche capacità professionali verificate dallo Stato e viene creata mediante un dispositivo con elevate caratteristiche di sicurezza che in genere è una smart card.

L'altra tipologia di firma è la cosiddetta firma "leggera". Ovviamente l'efficacia giuridica delle due firme è diversa. La firma digitale è equivalente a una sottoscrizione autografa.

Le altre potrebbero non esserlo: vengono valutate in fase di giudizio in base a caratteristiche oggettive di qualità e sicurezza.

Come ulteriore garanzia per la Pubblica Amministrazione, che è obbligata ad accettare i documenti firmati digitalmente, i certificatori che intendono rilasciare certificati digitali validi per le sottoscrizioni di istanze e dichiarazioni da inviare per via telematica alla Pubblica Amministrazione stessa, devono dimostrare di possedere particolari e comunque superiori caratteristiche di qualità e sicurezza e ottenere quindi la qualifica di "certificatore accreditato". Tale qualifica è sotto il controllo ed è garantita, in Italia, dallo Stato.

Da quanto esposto si può dedurre che nella Pubblica Amministrazione l'espressione del potere di firma nel documento informatico da parte del funzionario che ne ha titolarità, dovrà essere esercitata con la firma digitale.

La garanzia che il documento informatico, dopo la sottoscrizione, non possa essere modificato in alcun modo in quanto, durante la procedura di verifica, eventuali modifiche sarebbero riscontrate, la certezza che solo il titolare del certificato possa aver sottoscritto il documento perché non solo possiede il dispositivo di firma (smart card/tokenUSB) necessario, ma è anche l'unico a conoscere il PIN (Personal Identification Number) necessario per utilizzare il dispositivo stesso, unite al ruolo del certificatore che garantisce la veridicità e la correttezza delle informazioni riportate nel certificato (dati anagrafici del titolare), forniscono allo strumento "firma digitale" caratteristiche tali da non consentire al sottoscrittore di disconoscere semplicemente la propria firma digitale (fatta salva la possibilità di querela di falso).

In particolare il documento così sottoscritto ha l'efficacia prevista dall'articolo 2702 del Codice civile, equivale quindi ad una scrittura privata e fa piena prova fino a querela di falso se il presunto sottoscrittore ne riconosce la paternità. L'articolo 24 del Codice dell'Amministrazione digitale prevede inoltre che "L'utilizzo del dispositivo di firma si presume riconducibile al titolare". Questa asserzione risulta molto rilevante dal punto di vista probatorio. Difatti, in questo modo, è il titolare del dispositivo che si troverebbe, in caso di contestazioni, a dover dimostrare che il dispositivo di firma è stato, o quantomeno può essere stato, usato da altri soggetti. Ecco quindi che il valore probatorio della firma digitale si pone un gradino "più in alto" della semplice scrittura privata, ma comunque resta meno forte di una scrittura privata autenticata.

Fino dalla sua nascita la firma digitale è stata uno strumento di capitale importanza nell'ambito dei processi di semplificazione amministrativa. Infatti la firma digitale è indispensabile nell'automazione dei processi amministrativi, nella gestione informatizzata dei flussi documentali e in tutti quei procedimenti dove si vuole l'eliminazione del documento cartaceo.

La firma digitale trova già da tempo applicazione nel protocollo informatico, nella procedura di conservazione documentale, nel mandato informatico di pagamento, nei servizi camerali, nelle procedure telematiche d'acquisto, ecc.

La diffusione della Carta Nazionale dei Servizi (CNS) non potrà che favorire ulteriormente lo sviluppo e il conseguente utilizzo della firma digitale da parte dei cittadini. La CNS è una smart card per l'autenticazione del cittadino in rete e per la fruizione dei servizi in rete erogati dalla Pubblica Amministrazione. E' dotata di un microprocessore che contiene un certificato di autenticazione che identifica il titolare e assicura l'autenticità delle informazioni.

Grazie alla CNS i cittadini potranno dialogare on line con la Pubblica Amministrazione per ottenere documenti, servizi ed informazioni (certificazioni anagrafiche, accesso ai servizi sanitari, ecc.).

Il decreto del Presidente della Repubblica 2 marzo 2004, n. 117, "Regolamento concernente la diffusione della Carta Nazionale dei Servizi, a norma dell'articolo 27, comma 8, lettera b), della legge 16 gennaio 2003, n. 3" ha definito le caratteristiche e le modalità per il rilascio della CNS: tutte le pubbliche amministrazioni possono, infatti, emettere la CNS per consentire ai cittadini di fruire dei servizi pubblici da un'unica postazione dotata di lettore (PC) senza doversi recare personalmente nei vari uffici.

La carta contiene i dati identificativi della persona (nome, cognome, sesso, data e luogo di nascita) e il codice fiscale. Accanto al certificato di autenticazione, la CNS potrà ospitare anche il certificato di firma digitale divenendo quindi uno strumento più completo, utile per autenticarsi in rete ed accedere ai propri dati personali nel pieno rispetto della legge sulla privacy, e per sottoscrivere una dichiarazione attraverso l'utilizzo della firma digitale.

4. Posta Elettronica Certificata

L'e-mail è lo strumento di comunicazione elettronica utilizzato per lo scambio di comunicazioni interne nella Pubblica Amministrazione.

La Posta Elettronica Certificata (PEC) è un sistema di posta elettronica nel quale è fornita al mittente documentazione elettronica, con valenza legale, attestante l'invio e la consegna di documenti informatici. "Certificare" l'invio e l'avvenuta consegna – i due momenti fondamentali nella trasmissione dei documenti informatici – significa fornire al mittente, dal suo gestore di posta, una ricevuta che costituisce prova legale dell'avvenuta spedizione del messaggio e dell'eventuale allegata documentazione. Allo stesso modo, quando il messaggio perviene al destinatario, il gestore invia al mittente la ricevuta di avvenuta (o mancata) consegna con precisa indicazione temporale. Nel caso in cui il mittente smarrisca le ricevute, la traccia informatica delle operazioni svolte viene conservata per un periodo di tempo definito a cura dei gestori, con lo stesso valore giuridico delle ricevute.

L'utilizzo di questo strumento è diretto a sostituire i tradizionali mezzi di comunicazione utilizzati per garantire la sicurezza della comunicazione e della sua effettiva realizzazione.

Quello che consente, in estrema sintesi, il servizio di posta certificata è la trasmissione di un documento informatico per via telematica con l'assicurazione dell'avvenuta consegna dello stesso. Si tratta di un servizio basato sui sistemi di posta elettronica, come definito dallo standard SMTP e sue estensioni, che consente la trasmissione di documenti prodotti mediante strumenti informatici.

L'invio da parte del mittente di un messaggio di Posta Elettronica Certificata equivale all'utilizzo dei classici sistemi di inoltro dei documenti, con ricevuta di avvenuta consegna, per mezzo del servizio postale. L'obiettivo che si prefigge l'utilizzatore della Posta Elettronica Certificata è, infatti, quello di dare e ricevere certezza in merito all'inoltro, dalla casella di posta del mittente, ed all'avvenuta consegna, nella mailbox del destinatario, del messaggio attraverso la certificazione dei tempi e delle modalità in cui tale processo è iniziato e si è concluso. I soggetti che entrano in scena nell'ambito del servizio di Posta Elettronica Certificata, sono quindi il mittente, il destinatario e il gestore del servizio. La trasmissione del messaggio di Posta Elettronica Certificata avviene, dunque, mediante l'invio dello stesso da parte del gestore del mittente con firma elettronica.

Tutte le fasi del trattamento del suddetto messaggio sono memorizzate in specifici registri.

È dovere dei gestori fornire al mittente la ricevuta di accettazione (generata dal gestore di riferimento del mittente) e di avvenuta consegna (generata dal gestore di riferimento del destinatario) con l'indicazione dei dati di certificazione attestanti l'invio e l'avvenuto recapito presso la casella di posta del destinatario. Il contenuto della ricevuta contiene necessariamente la certificazione dell'avvenuto recapito, della data e dell'ora dell'evento.

E' necessario precisare che possono essere gestori del servizio di Posta Elettronica Certificata solo dei soggetti particolarmente qualificati. Il richiedente l'iscrizione nell'indice dei gestori di Posta Elettronica Certificata, oltre a dover possedere la natura giuridica di società di capitali deve dimostrare affidabilità organizzativa e tecnica necessaria per svolgere l'attività in questione, adottando idonee garanzie anche rispetto al personale ed ai mezzi tecnici e procedurali impiegati al fine di attestare il pieno rispetto della normativa in materia.

Il provvedimento attualmente in vigore che disciplina le modalità di utilizzo della Posta Elettronica Certificata (PEC) nei rapporti con la PA e tra privati cittadini è il

DPR 11 febbraio 2005, n. 68 pubblicato nella G.U. del 28 aprile 2005, n. 97.

I contenuti principali di questo provvedimento possono essere riassunti nei punti seguenti: – nella catena di trasmissione potranno scambiarsi le e-mail certificate sia le pubbliche amministrazioni che i privati. Saranno i gestori del servizio (art. 14), iscritti in apposito elenco tenuto dal CNIPA (che verificherà i requisiti soggettivi ed oggettivi inerenti ad esempio alla capacità ed esperienza tecnico-organizzativa, alla dimestichezza con procedure e metodi per la gestione della sicurezza, alla certificazione ISO9000 del processo), a fare da garanti dell'avvenuta consegna; – i messaggi devono essere sottoscritti con la firma digitale del gestore, per assicurare l'integrità e l'autenticità del messaggio; – i gestori sono tenuti a verificare l'eventuale presenza di virus nelle e-mail ed informare in caso positivo il mittente, bloccandone la trasmissione (art. 12); – le imprese, nei rapporti intercorrenti, potranno dichiarare l'esplicita volontà di accettare l'invio di PEC mediante indicazione nell'atto di iscrizione al registro delle imprese.

L'art. 11 del regolamento sull'utilizzo della Posta Elettronica Certificata stabilisce alcuni obblighi a cui sono sottoposti i gestori di posta elettronica a garanzia della sicurezza del servizio: – i gestori di Posta Elettronica Certificata trasmettono il messaggio dal mittente al destinatario integro in tutte le sue parti, includendolo nella busta di trasporto; – durante le fasi di trasmissione del messaggio i gestori mantengono traccia delle operazioni svolte in un apposito log dei messaggi per trenta mesi; – per la tenuta del registro i gestori adottano le opportune soluzioni tecniche ed organizzative che garantiscono la riservatezza, la sicurezza, l'integrità e l'inalterabilità nel tempo delle informazioni in esso contenute; – i gestori prevedono servizi di emergenza che in ogni caso assicurano la trasmissione ed il rilascio delle ricevute.

Con l'emanazione del Decreto 2 novembre 2005 recante le "Regole tecniche per la formazione, la trasmissione e la validazione, anche temporale, della Posta

Elettronica Certificata" (G.U. 15 novembre 2005, n. 266) che contiene i requisiti tecnico-funzionali che devono essere rispettati dalle piattaforme utilizzate per erogare il servizio si è aperta la possibilità per gli operatori di mercato in possesso dei requisiti previsti dalla legge, di qualificarsi quali gestori di PEC.

Il CNIPA effettuerà le attività di vigilanza e controllo assegnategli dalla norma e, con un apposito Centro di competenza, supporterà le PA ai fini dell'introduzione della PEC nei procedimenti amministrativi.

5. Conservazione delle risorse digitali

Come qualunque supporto fisico, le risorse digitali sono soggette a un progressivo e inevitabile processo di invecchiamento che provoca gravi rischi di manipolazioni e perdita di dati.

Lo sviluppo delle memorie documentarie digitali è un processo inarrestabile, indotto e amplificato dalla produzione a basso costo di sistemi sicuri per la validazione dei documenti nativamente digitali (in particolare i sistemi di firma elettronica), ma introduce problematiche relative alla possibilità ed alla qualità della conservazione del patrimonio documentario finora generato.

La formalizzazione dei concetti e dei principi connessi alla conservazione delle risorse digitali ha polarizzato l'attenzione della comunità scientifica (in particolare del mondo archivistico) negli ultimi anni, con particolare riguardo ai nodi concettuali, ai vincoli e alle criticità di tipo organizzativo, alla revisione della normativa, allo studio della tipologia dei formati e dei metodi per la conservazione.

Le logiche e le prassi legate alla funzione conservativa delle memorie digitali comportano un significativo cambiamento rispetto alle pratiche tradizionali legate alla documentazione cartacea. Una delle caratteristiche precipue della conservazione in ambiente digitale è infatti una funzione attiva e continua nel tempo. Un aspetto che richiede un forte cambiamento di mentalità a fronte di analisi, esperienze e sperimentazioni empiriche ancora poco sviluppate.

La diversificazione dei prodotti ostacola inoltre la formalizzazione di soluzioni univoche e la rapida obsolescenza dei supporti non consente di impostare piani di sperimentazione sufficientemente protratti nel tempo al fine di individuare metodi e procedure condivisi, standard univoci e di produrre una regolamentazione adeguata.

La conservazione digitale abbisogna quindi di un insieme di attività e strumenti che permettano il mantenimento dell'accessibilità, della leggibilità, della intelligibilità, dell'autenticità e dell'integrità nel lungo periodo dei documenti informatici, in un ambiente tecnologico diverso da quello di origine. In questo senso la pratica conservativa non può coincidere con la preservazione del flusso di bit, ma implica anche il mantenimento delle informazioni necessarie ad assicurare la interpretazione di tale flusso, attraverso la predisposizione di set di metadati descrittivi e gestionali.

Per quanto riguarda la gestione documentale, è inoltre necessario mantenere le relazioni del singolo documento nell'ambito del fascicolo e dell'intero archivio.

5.1 - Normativa

La riforma del sistema amministrativo pubblico sta provocando una forte trasformazione nell'ambito della gestione documentale, sempre più affidata a sistemi informativi che, grazie alle tecnologie informatiche, consentono la completa automazione dell'organizzazione dei documenti (in particolare con i sistemi di protocollazione e classificazione), lo scambio dei dati per via telematica, la produzione di documenti informatici con pieno valore giuridico (soprattutto tramite i sistemi di firma digitale), la gestione dei processi amministrativi attraverso sistemi di workflow management. Il processo normativo alla base di tale trasformazione ha considerato la tematica della conservazione dei documenti nell'ambito di una serie di provvedimenti che hanno contribuito a delineare il quadro di riferimento attualmente in atto, con particolare riguardo alle pratiche di conservazione della documentazione informatica ed ai processi di conservazione sostitutiva della documentazione cartacea.

La conservazione della documentazione prodotta dalla Pubblica

Amministrazione è competenza del Ministero per i beni e le attività culturali, la cui normativa di riferimento considera beni culturali gli archivi e i singoli documenti di tutte le amministrazioni e gli enti pubblici. Gli Archivi di Stato esercitano le funzioni di conservazione dei documenti degli organi centrali e periferici dello Stato non più necessari alla pratica amministrativa, e le Soprintendenze archivistiche assicurano la vigilanza e la tutela sugli archivi degli enti pubblici e sugli archivi privati dichiarati di notevole interesse storico.

L'Amministrazione archivistica è regolata dalle norme contenute nel D. Lgs. n. 42/2004 "Codice dei Beni culturali e del paesaggio".

Il Testo Unico in materia di documentazione amministrativa (DPR 28 dicembre 2000, n.445) e le relative regole tecniche (DPCM 31 ottobre 2000) prevedono in particolare: operazioni di salvataggio periodiche; la necessità di mantenere leggibili le informazioni rimosse dal sistema; nel caso della conservazione sostitutiva il mantenimento delle informazioni relative alla gestione informatica dei documenti come parte integrante del sistema di indicizzazione e di organizzazione dei documenti oggetto delle procedure di conservazione; l'obbligatorietà del log di sistema con la registrazione e verifica degli utenti e di tutti gli interventi effettuati e la gestione conservativa delle informazioni; la garanzia di leggibilità nel tempo di tutti i documenti trasmessi, compresi gli allegati.

Il Decreto del Ministro per l'innovazione e le tecnologie 14 ottobre 2003 contenente le linee guida per l'adozione del protocollo informatico prevede che: – i requisiti dei documenti informatici implicano la loro identificazione certa attraverso: identificabilità dell'autore (persona fisica e giuridica), sottoscrizione, idoneità alla registrazione di protocollo in quanto strumento identificativo, accessibilità, leggibilità, interscambiabilità; – i formati devono garantire la non modificabilità di struttura e contenuti; – eventuali immagini, suoni e video, qualora costituiscano parti integranti del documento digitale, devono essere incorporate "in modo irreversibile".

La Direttiva del Ministro per l'innovazione e le tecnologie 27 novembre 2003 sull'utilizzo dei sistemi di posta elettronica stabilisce l'obbligo dell'adozione di metodi di conservazione dei messaggi pervenuti.

La Deliberazione CNIPA n. 11 del 19 febbraio 2004 detta i principi in materia di conservazione: la conservazione di documenti digitali avviene mediante memorizzazione su supporti ottici e termina con l'apposizione sull'insieme dei documenti del riferimento temporale e della firma digitale da parte del responsabile della conservazione che attesta il corretto svolgimento del processo. Solo per una particolare categoria di documenti è prevista anche l'apposizione della firma da parte del pubblico ufficiale.

Stabilisce inoltre i compiti da affidare alla figura specifica del "responsabile della conservazione".

La stessa Deliberazione prevede inoltre la possibilità di delegare a terzi l'esercizio di responsabilità in materia di conservazione digitale e ne definisce i limiti.

Il D. Lgs. 7 marzo 2005, n. 82 "Codice dell'Amministrazione digitale" ha ordinato e riunito norme già esistenti e ne ha introdotte di nuove per nuovi servizi, creando il quadro legislativo necessario per dare validità giuridica alle innovazioni.

In particolare, all'interno del Codice, il concetto di "documento originale unico" è acquisito a livello di legge e viene attribuito pieno valore probatorio ai documenti informatici. Il Capo III riassume le disposizioni inerenti la formazione, gestione e conservazione dei documenti informatici: l'art. 41 prevede la gestione dei procedimenti amministrativi con la raccolta dei documenti nei fascicoli informatici; l'art. 42, usando per la prima volta il termine "dematerializzazione" all'interno di un testo normativo, indica l'opportunità di impostare piani di sostituzione degli archivi cartacei con archivi informatici, in particolare per i documenti dei quali sia "obbligatoria o opportuna la conservazione"; l'art. 43, dedicato alla riproduzione e conservazione dei documenti, definisce validi e rilevanti a tutti gli effetti di legge i documenti riprodotti su supporti informatici, la validità dei documenti già conservati mediante riproduzione su supporto fotografico, ottico o con altro processo idoneo a garantire la conformità dei documenti agli originali, la possibilità di archiviare i documenti informatici per cui è prescritta la conservazione anche in forma cartacea per le esigenze correnti, e in formato digitale per la conservazione permanente; l'art. 44 detta i requisiti per la conservazione dei documenti informatici, che possono essere riassunti nell'identificazione certa del soggetto che ha formato il documento e dell'amministrazione o Area Organizzativa Omogenea di riferimento, l'integrità del documento, la leggibilità e reperibilità dei documenti e delle informazioni identificative, inclusi i dati di registrazione e classificazione originari.

5.2 - Progetti di ricerca internazionali ed europei

Le principali tematiche legate alla gestione e conservazione della documentazione digitale necessitano di risorse, di infrastrutture per la ricerca - laboratori e centri di competenza - dove condividere esperienze e sperimentare soluzioni applicative, di luoghi di confronto sugli aspetti normativi e sull'evoluzione delle tecnologie, di modalità operative che diano soluzioni e risposte alle richieste del mercato e delle amministrazioni alle prese con le problematiche indotte dall'uso delle tecnologie informatiche.

Alcune iniziative europee sono state dedicate alla creazione di reti di cooperazione in questo ambito, tra cui in particolare il progetto DELOS, con una specifica area di ricerca nel campo della conservazione digitale, e la rete ERPANET (Electronic Resource Preservation and Access Network, 2002-2004: www.erpanet.org).

Il Progetto InterPARES (International Research on Permanent Authentic Records in Electronic Systems: www.interpares.org), guidato dalla School of Library, Archival and Information Studies at the University of British Columbia, è un'iniziativa internazionale in cui rappresentanti di istituzioni pubbliche e industrie private specializzate in campo archivistico e informatico, stanno collaborando per sviluppare la conoscenza richiesta per la conservazione a lungo termine dell'autenticità dei record creati in ambiente digitale.

Prospettive

La riforma dell'amministrazione pubblica è un'impresa di grande complessità, iniziata già da tempo e che durerà ancora a lungo. L'opportunità della dematerializzazione ne fa parte ed è intimamente legata a quella della semplificazione delle procedure e della formazione del personale.

Ma come, quando si compie un lungo viaggio, è utile guardare indietro per vedere quanta strada è stata fatta e per trovare lo stimolo per andare avanti, così nel processo di dematerializzazione è opportuno valutare a che punto siamo. Vi sono luci ma anche ombre.

Le luci stanno nelle norme − ormai ci sono tutte − e nell'atteggiamento del personale delle amministrazioni: la grande maggioranza non solo usa l'informatica ma *vuole* usare l'informatica.

C'è un comportamento generalmente propositivo. Ci sono idee di cambiamento del modo di lavorare e molte di esse – fatto estremamente positivo – vengono dalla base.

Eliminare la carta è solo una fase del nuovo modo di lavorare. Gli uffici stanno veramente cominciando a corrispondere tra loro con la posta elettronica, fra poco lo faranno anche con i cittadini. Nessuna norma lo vieta, anzi! Occorre però un nuovo atteggiamento, moderno, di servizio, partecipativo. Sembra proprio che si stia percorrendo la strada giusta: possiamo andare avanti.Fin qui le luci: e le ombre? Vi sono freni psicologici e culturali nell'abbandonare la carta: della carta ci si fida, la si vede, la si tocca, oggi c'è e anche domani ci sarà. La carta con quello che contiene appartiene al mondo quantitativo: è un corpo. Il file informatico invece ha caratteristiche quasi di immaterialità, come se fosse puro spirito, che va trattato con prudenza.

Pesano inoltre i timori sostenuti, in buona fede e con competenza, dagli ambienti tradizionalisti: per essi la carta ha un valore culturale e archivistico che la registrazione informatica non ha ancora dimostrato a sufficienza di possedere. Per cui tutto fermo, almeno per ora.

Vi sono poi altre ombre, molto delicate, legate a problemi di privacy, che riguardano soprattutto il mondo sanitario.

Cosa fare allora? Innanzi tutto continuare il dialogo tra operatori, pubblici e privati, che, pur avendo gli stessi interessi per uno Stato più moderno, si muovono da punti diversi e con ottiche non sempre convergenti: è quanto sta facendo il Gruppo di lavoro sopra menzionato.

Poi incentivare la realizzazione di soluzioni innovative e farle conoscere: ci sono programmi governativi che hanno proprio questo scopo.

Guardando avanti, ci possiamo aspettare un futuro ricco di novità: i privati daranno l'avvio alla dematerializzazione della maggior parte delle loro procedure, alcune amministrazioni pubbliche, come l'Economia e le finanze, prenderanno decisamente la leadership e faranno esempio.

Dal punto di vista dei cittadini ciò significherà un'amministrazione meno costosa − dunque più efficiente − e più rapida − dunque potenzialmente più efficace − : meno carta e più informatica sarà comunque il motto che accompagnerà l'inizio del viaggio del Codice dell'amministrazione digitale, con il quale, anche attraverso la dematerializzazione, si vorrà rendere possibile il diritto del cittadino di corrispondere in modo informatico con le amministrazioni e il dovere per le amministrazioni stesse di interagire in modo analogo.

www.ingramcontent.com/pod-product-compliance
Lightning Source LLC
Chambersburg PA
CBHW071227050326
40689CB00011B/2481